AF330429

PROJET

DE CHANGEMENS A OPÉRÉR

DANS LE SYSTÈME

DES PLACES FORTES,

POUR LES RENDRE VÉRITABLEMENT UTILES
A LA DÉFENSE DE LA FRANCE;

PAR LE LIEUTENANT-GÉNÉRAL SAINTE-SUZANNE,
PAIR DE FRANCE.

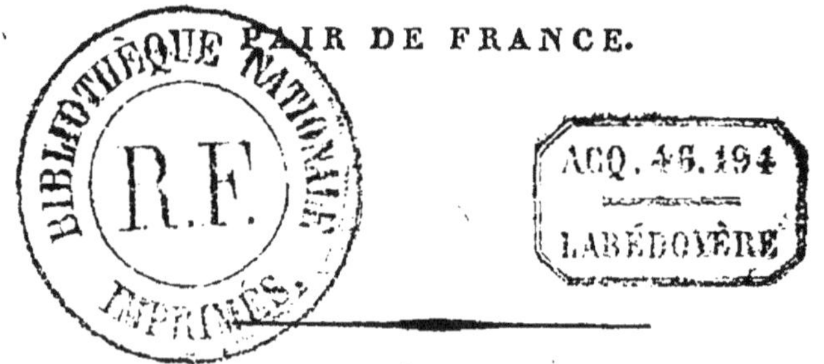

A PARIS,

CHEZ MAGIMEL, ANSELIN ET POCHARD,
LIBRAIRES POUR L'ART MILITAIRE, RUE DAUPHINE, N° 9.
ET CHEZ DELAUNAY, LIBRAIRE AU PALAIS-ROYAL.

1819.

AVANT-PROPOS.

Les derniers événemens de la guerre ont démontré l'insuffisance du système actuel de nos Places fortes pour la défense de la France. Il est aujourd'hui reconnu par ceux qui ont mis à profit les leçons de l'expérience, qu'il est nécessaire de changer nos moyens de défense existans, et d'en créer de nouveaux.

Mais cette vérité ne me paraît pas assez généralement répandue; et il se pourrait même que par un zèle patriotique, quoique peu éclairé, beaucoup de personnes n'accueillissent pas favorablement des changemens qui tendraient à réduire le nombre de nos places-frontières.

Il importe donc de jeter quelques lumières sur une question aussi grave, et qui touche à de si grands intérêts.

C'est un motif aussi puissant qui m'a déterminé à publier l'opinion que je me suis formée depuis long-temps sur ce sujet, et qui me semble confirmée par une suite constante de faits.

Je me suis efforcé d'être clair et précis ; c'est une condition nécessaire quand on écrit sur *l'art de la guerre.*

Je ne suis pas entré dans le détail topographique des nouvelles Places fortes que je propose de construire dans l'intérieur. Plusieurs des lieux que j'indique ne me sont pas suffisamment connus, et il serait possible que d'autres fussent préférés. Je me suis attaché à démontrer l'utilité de ces nouveaux établissemens. Il ne faut donc pas entendre *d'une manière trop absolue* les propositions que je fais sur le *nombre* des forteresses à conserver, et *sur le gisement* de celles à construire.

C'est au Roi, chef suprême de l'armée, qu'il appartient d'ordonner les reconnaissances nécessaires, et de prononcer définitivement sur un objet d'une telle importance, et qui exige un examen aussi approfondi. Rien en effet ne présente autant de difficultés que le choix de l'emplacement d'une grande place d'armes. Vauban lui-même s'est trompé dans celui de deux forteresses situées sur le Rhin. La première, *Huningue*, était trop rapprochée de ce fleuve, et se trouvait trop exposée aux feux de la rive droite. La seconde, *Neuf-Brisach*, en est trop éloignée, et ne peut protéger le passage d'une armée.

J'ai exposé dans ce Mémoire les mesures que je crois indispensables pour que les Places fortes contribuent efficacement au système défensif de la France, c'est-à-dire, pour qu'elles protégent les armées actives, qu'elles les mettent à même de réparer les revers qu'elles auraient éprouvés, et pour qu'elles opposent à l'ennemi, si elles sont attaquées, une résistance vigoureuse et prolongée.

Quant au reproche qu'on pourra me faire de proposer des innovations dans *l'art fortifiant*, ce n'est pas moi qui suis novateur, c'est Bousmard, qui a changé le système d'attaque des Places fortes, et par conséquent celui de leur construction et de leur défense. Les exemples irrécusables que je cite à l'appui de ce système, en constatent la supériorité sur tous les autres.

PROJET

DE CHANGEMENS A OPÉRER

DANS LE SYSTEME

DES PLACES FORTES,

POUR LES RENDRE VÉRITABLEMENT UTILES
A LA DÉFENSE DE LA FRANCE.

Les Places fortes qui couvrent les frontières des grands Etats de l'Europe, ont été considérées long-temps comme des obstacles presque insurmontables, que l'art avait opposés aux entreprises de leurs ennemis, ou qui devaient au moins ralentir leurs progrès, même après les victoires les plus complètes. Ceux de ces Etats qui possédaient un plus grand nombre de forteresses, paraissaient le plus à l'abri d'une invasion.

Il a fallu des événemens tels que ceux dont nous avons été témoins depuis trente ans, si-non pour détruire, au moins pour affaiblir une telle opinion dans l'esprit d'un grand nombre de militaires.

L'Allemagne a été envahie, en l'an IV, par les armées du Rhin et de Sambre et Meuse, qui laissèrent derrière elles toutes les Places fortes qui couvraient le Rhin ; et ces places n'apportèrent aucun obstacle à la retraite de ces armées, quand elles furent forcées de l'effectuer.

L'Italie, à la même époque, fut conquise par l'armée française, qui laissa également derrière elle toutes les places du Piémont et de la Lombardie ; celle de Mantoue fut seule l'objet d'attaques réitérées, parce qu'une armée battue s'y était réfugiée : toutes les autres furent cédées à la suite de plusieurs victoires.

En l'an VII, l'armée autrichienne envahit à son tour l'Italie, et s'avança jusques sur le Var, laissant derrière elle une multitude de places occupées par les troupes françaises, et dont aucune ne retarda sa marche, excepté celle de Gênes, qui était aussi devenue l'asile d'une armée épuisée par plusieurs défaites.

En l'an VIII, l'armée française passa les Alpes, pénétra au sein de la Lombardie, négligeant les places du Piémont, qui toutes, ainsi que celles de la Lombardie, furent le fruit de la victoire de Marengo.

Dans la même année, l'armée du Rhin passa ce fleuve à Brisach, Bâle et Constance; elle s'avança en Souabe, et pénétra jusque dans la Basse-Autriche, laissant sur son flanc gauche les places de Philipsbourg, Ulm, Ingolstatt et Braunau, les quelles nous furent cédées à la suite de ses victoires et spécialement de celle de Hohenlinden.

En 1805, le succès de la bataille de Jéna porta immédiatement l'armée française jusque dans la capitale de la Prusse. Magdebourg ouvrit ses portes à un corps plus faible que sa garnison : toutes les places de l'Oder tombèrent en notre pouvoir avec la même facilité.

Enfin, la France elle-même a été envahie deux fois, quoique ses anciennes frontières et celles que ses conquêtes lui avaient données fussent couvertes par une triple ligne de Places fortes, dont aucune ne fut attaquée régulièrement, et ne ralentit un instant les progrès des armées envahissantes.

En 1814, la capitale était au pouvoir des alliés, tandis *que* 300,000 *français* occupaient plus de 80 Places fortes, tant de l'ancienne France que des pays conquis : aussi l'armée active était - elle bien inférieure à toutes ces garnisons, dont elle ne tirait aucun appui, et même elle manquait de munitions de guerre, dont ces places étaient pourvues en abondance.

De tels résultats étaient la suite nécessaire du *nouveau système de guerre* qui a prévalu dans ces derniers temps, tandis que l'*ancien système des Places fortes* continuait à être observé.

En effet, ce ne sont plus des armées de 30 à 50,000 hommes qui entretiennent long-temps une guerre méthodique; c'est la population militaire tout entière des plus vastes monarchies qui entre en campagne. On met sur pied des armées de 300,000 hommes et plus. Ces immenses rassemblemens ne peuvent subsister long-temps dans le même pays : leur choc produit de grandes batailles, qui sont elles-mêmes suivies nécessairement d'une invasion (1).

____

(1) On ne manquera pas d'objecter que de pareils armemens ne se renouvelleront pas, et qu'on reviendra enfin à des principes de guerre plus modérés, et moins destructifs de l'humanité. Je répondrai qu'au-

C'est dans de telles circonstances que les Places fortes doivent présenter un appui à l'armée battue, et lui fournir les moyens de réparer ses pertes; mais il faut pour cela *que le nombre en soit limité, que leur position soit bien choisie, et qu'elles puissent devenir alors de grands camps retranchés*, contenant des corps d'armée, lesquels puissent sortir de ces camps, protéger la marche ou rétrograde ou en avant, de l'armée active, et faire repentir de son entreprise l'ennemi qui aurait tenté une invasion.

Autrement, plus il y aura de points fortifiés et occupés par des garnisons sur la frontière d'un état envahi, moins il y aura de ressources effectives pour l'armée qui aura éprouvé des revers, et plus il y aura de chances de succès pour les opérations ultérieures de l'armée victorieuse.

Cette vérité a été démontrée par les exemples que nous avons rapportés plus haut.

---

cune des grandes puissances de l'Europe ne paraît disposée à réduire son état militaire d'une manière sensible, et qu'on voit au contraire maintenir chez elles les institutions qui peuvent donner à leurs forces les plus prompts et les plus grands développemens possibles.

La plupart des Places qui couvraient l'Allemagne, l'Italie et la France, n'avaient (et ne pouvaient avoir, eu égard à leur nombre) que des garnisons faibles et *nécessairement inertes par leur composition*. Réunies, ces garnisons eussent composé plusieurs petits corps d'armée en état d'agir; isolées, elles ne furent d'aucun secours; elles furent nulles pour les armées auxquelles elles appartenaient. Il en fut de même des approvisionnemens de toute espèce, et du matériel immense d'artillerie et de munitions de guerre, qu'il avait fallu répartir entre elles.

Les siéges de Mayence et de Kehl (1), ceux de Gênes et de Dantzick, forment seuls une exception; et cette exception confirme elle-même le principe que nous avons posé. En effet, c'est parce que ces Places renfermaient des garnisons nombreuses et composées des diverses armes, *enfin, de véritables corps d'armée,* qu'elles ont présenté de grandes ressources après des revers; qu'elles ont arrêté ou ralenti les progrès de

______

(1) L'auteur de ce Mémoire s'est trouvé à ces deux siéges; à Mayence, sous les ordres du général Kléber; à Kehl, sous ceux de M. le maréchal Gouvion-Saint-Cyr.

l'ennemi, l'ont obligé à des attaques régu-
lières, ou à des investissemens proportion-
nés à la force de ces garnisons, et ont donné
à l'armée active le temps de se réorganiser
et de reprendre l'offensive.

Le moment est donc venu de renoncer à
un système dont les graves inconvéniens ne
sont compensés par aucun avantage. Il faut
profiter des leçons de l'expérience, et s'as-
surer des ressources et des points d'appui,
dans le cas où, par suite de grands revers,
une armée étrangère aurait pénétré dans l'intérieur de la France.

Il faut que, dans ce cas, un *petit nombre
de forteresses*, dont l'emplacement aura été
bien choisi, permette d'y laisser *des garnisons semblables à des corps d'armée*, c'est-
à-dire, composées d'infanterie, de cavalerie
et d'artillerie, dans des proportions conve-
nables.

Ainsi composées, ces garnisons, si elles
sont assiégées, pourront établir *une bonne
défense en dehors des ouvrages du corps
de la place*. Tout militaire instruit sait que,
d'après le système de *Bousmard* sur l'attaque des places, la défense se fait en avant
de ces ouvrages, en ayant soin de se loger sur

les flancs des fronts d'attaque par des ouvrages permanens et par des ouvrages de
campagne, de manière à obtenir des feux de
revers sur la tranchée de l'ennemi, et à
l'obliger d'ouvrir sa première parallèle à
douze ou quatorze cents toises du corps de la
place (1).

Si ces Places, ou *plutôt ces camps retranchés,* ne sont qu'investis, ils forceront
l'ennemi, en raison de leur développement,
de laisser devant eux des corps d'une force
au moins double de la leur; autrement les
troupes qu'ils renferment se mettront, en
campagne, se joindront à d'autres garnisons
de même composition, attireront à elles la
population militaire du pays, tomberont sur

---

(1) Les exemples, même les plus récens, ne manquent pas pour appuyer ce système de défense. En
1793, les Prussiens assiégeant Mayence, ouvrirent leur
première parallèle à 1200 toises de la place. En l'an v,
les Autrichiens, au siége de Kehl, ouvrirent leur première parallèle à 1400 toises du fort, dont tous les
ouvrages avancés étaient en terre et encore très-impar-
faits. Au blocus de Gênes, en l'an viii, la garnison a
tenu constamment l'ennemi à plus d'une lieue du corps
de la place. Enfin, au siége de Dantzick, en 1813, l'armée alliée a été contrainte d'ouvrir sa première parallèle à 1200 toises des fronts d'attaque.

les derrières de l'ennemi, couperont toutes ses communications, détruiront ses convois et lui feront payer cher son entreprise.

Pour obtenir de tels résultats, je propose,

1° De supprimer un grand nombre de Places de 2ᵉ et 3ᵉ classe sur les frontières nord, est et sud de la France;

2° D'y conserver un certain nombre de grandes places d'armes, qui puissent contenir des garnisons de 16 à 20,000 hommes;

3° De construire sur la Loire, et sur d'autres points de l'intérieur, de semblables places d'armes.

Les Places que je propose de conserver, et celles que je propose de construire, sont dans l'ordre ci-après;

SAVOIR:

Frontière du Nord.

1. Lille,
2. Laon,
3. Mézières,
4. Metz.

Frontière du Rhin et des Vosges.

5. Strasbourg,
6. Langres,
7. Besançon.

Frontière des Alpes.

8. Mâcon,
9. Grenoble,
10. Toulon.

Nota. Gardant comme avant-postes le fort de Bar-
raux et Antibes.

Frontière des Pyrénées.

11. Auch, ayant en avant et sur
ses flancs,   Perpignan,
          Bellegarde,
          Bayonne.

Frontière maritime occidentale.

Rochefort,
La Rochelle,
L'Orient,
Brest,
Cherbourg,
Calais.

Nota. Je ne comprends pas les Places de cette
frontière dans les grandes garnisons dont j'ai indiqué
précédemment le rôle ; elles doivent être spécialement
confiées à la marine. Je les mentionne seulement comme
devant compléter le système de défense. J'en ai excepté

la place de *Toulon*, comme devant appuyer la droite de la défense des Alpes.

Grandes Places d'armes de l'Intérieur.

12. Orléans,
13. Clermont.

Je divise les 13 grandes places en 1re et 2e classes.

Je comprends dans la première classe,

Lille,
Metz,
Langres,
Strasbourg,
Besançon,
Clermont,
Orléans,
Auch.

Dans la 2e classe :

Laon,
Mézières,
Mâcon,
Grenoble,
Toulon.

Je désirerais que celles de ces places qui

sont à construire, se composassent *d'une forte enceinte bastionnée*, avec un fossé large et profond, et pour ouvrages avancés, de *grosses demi-lunes*, que l'on porterait fortement en avant des courtines, et qui seraient liées au corps de la place par de larges caponnières, le tout enveloppé par un simple glacis.

Je désirerais aussi que les bastions destinés à couvrir les fronts *présumés fronts d'attaque*, fussent surmontés d'un cavalier, afin d'obtenir des feux plongeans sur la tranchée ennemie, et particulièrement sur les batteries. Les feux rasans, selon moi, ne sont plus admissibles, d'après le nouveau système de défense, et les feux directs ne doivent être employés que dans les derniers momens d'un siége. Dans ce cas, les bouches à feu doivent être tirées en ligne parabolique et à petites charges, de manière à obtenir des ricochets dans la tranchée ennemie (1). Je demanderais, enfin, la suppression du palissadement *pour le corps de la place*, comme inutile et trop dispendieux.

---

(1) On a fait usage de ces feux avec le plus grand

Les garnisons qui doivent occuper les places ci-dessus indiquées, sont, pour la première classe, de 20,000 hommes, et pour la deuxième, de 16,000 hommes.

Elles ont toutes un cinquième de leur composition *en cavalerie*, avec cette observation toutefois que la plus grande partie de la cavalerie est répartie en temps de paix dans des quartiers à proximité, et de manière à pouvoir participer aux grandes manœuvres de la garnison, et s'y joindre promptement en cas de guerre.

J'attache aux unes trois compagnies d'artillerie légère, et deux compagnies aux autres.

Les places de l'intérieur doivent renfermer les établissemens utiles pour les machines de guerre, tels que fonderies, fabriques et manufactures d'armes à feu, et d'armes blanches, arsenaux de construction, poudrières, etc. etc.

Pour ajouter à sa force, chaque place doit avoir un approvisionnement de 10,000 fusils, et les effets d'habillement, grand et

---

succès, dans les derniers jours du siége de Mayence, en 1793.

petit équipement, nécessaires pour 10,000 Vétérans ou Gardes nationaux mobiles.

C'est par une telle composition et par le choix de l'emplacement de ces forteresses, que le système des places fortes deviendra vraiment utile aux armées actives, et les protégera puissamment.

Si ces idées étaient adoptées, je pense qu'il en résulterait d'autres avantages également précieux.

D'abord, la suppression d'un grand nombre de places de 2ᵉ et 3ᵉ classes, dont je crois avoir démontré non-seulement l'inutilité, mais encore les graves inconvéniens, épargnerait à l'État l'entretien d'une grande quantité d'états-majors et d'agens administratifs, plus, celui des fortifications et des établissemens de toute espèce.

Il en résulterait encore l'avantage de rendre à l'agriculture une grande quantité de terres utiles. Le produit de la vente de ces terres et des matériaux provenans des démolitions, servirait à compenser les frais de ces dernières, ainsi que ceux de la construction des nouvelles places. Si d'un côté quelques-unes de ces villes éprouvaient des pertes sous le rapport de la consommation de denrées qu'y font les garnisons, d'un autre côté celles d'entr'elles qui sont manufacturières ou commerçantes, verraient avec plaisir tomber les entraves qu'une place fermée oppose toujours à l'industrie.

Mais, ce qui est bien plus important, la formation de nos grandes garnisons nous offrira en temps de paix le moyen d'instruire utilement l'armée, en temps de guerre celui de la rendre promptement disponible et d'appuyer efficacement toutes ses opérations : car nous entendons expressément que dans ces deux cas la composition des garnisons serait toujours la même, c'est-à-dire, que leur force serait toujours celle indiquée ci-dessus, au moyen des levées extraordinaires qui auraient lieu en temps de guerre, et que l'infanterie, la cavalerie(1)

---

(1) Si l'on m'objecte qu'en cas de guerre, il serait difficile de réunir dans une place forte 3 à 4000 chevaux, et d'y pourvoir à leur subsistance; si l'on ajoute que dans un siége les magasins de fourrages et les écuries sont exposés à être incendiés par le feu de l'ennemi, je répondrai que l'on doit alors répartir les chevaux dans les écuries des particuliers, et diviser également ment les grains et fourrages qui leur sont destinés. Si

et l'artillerie y seraient toujours dans les proportions nécessaires pour les mettre en état d'agir en sortant des places.

En temps de paix, les troupes réunies dans nos Places fortes s'y forment aux grandes manœuvres de guerre, sous le commandement d'officiers généraux qui s'attachent à celles démontrées vraiment utiles par l'expérience de vingt campagnes, et qui ont l'autorité nécessaire pour proscrire les innovations arbitraires dans le règlement actuel sur les manœuvres, innovations nées le plus souvent d'une imitation étrangère, et absolument opposées au caractère des soldats français, dont elles tendent à faire des *automates* (1).

---

la défense se prolonge, et que les approvisionnemens commencent à s'épuiser, on abat les chevaux, qui servent à la subsistance des troupes. J'ai souvent formé le vœu que j'énonce dans cette occasion, savoir qu'une loi impose à chaque propriétaire de maison dans une place forte l'obligation de faire construire une cave voûtée à l'abri de la bombe.

(1) Au lieu de ces prétendus perfectionnemens du maniement d'armes qui ne sont bons qu'à satisfaire l'œil dans un jour de parade, et qui peut-être auraient à la guerre plus d'inconvéniens que d'utilité, ne vau-

Les officiers du génie et d'artillerie, qui, lorsqu'ils sont isolés dans une multitude de petits postes, n'y peuvent cultiver les connaissances qu'ils ont acquises, ni acquérir celles qui leur manquent, trouveront cette double ressource dans une plus grande concentration, qui les rapprochera de leurs officiers supérieurs. Il résultera de la réunion des diverses armes une communication réciproque de connaissances, propre à agrandir les idées de l'officier particulier, à perfectionner ses études, une école enfin capable de former des officiers *généraux*, c'est-à-dire instruits dans toutes les branches de l'art militaire.

L'infanterie et la cavalerie, aujourd'hui disséminées dans un si grand nombre de places, y sont souvent divisées par bataillons et escadrons, et même par de moindres

---

drait-il pas mieux que les soldats d'infanterie, quand ils sont suffisamment instruits dans l'exercice du fusil, le fussent aux manœuvres des pièces de campagne, et que dans la cavalerie, les dragons, plus spécialement destinés à l'escorte de l'artillerie légère, fussent également ment exercés aux manœuvres et aux évolutions de cette arme, de manière à pouvoir remplacer sur le champ de bataille les canonniers mis hors de combat?

détachemens, qui manquent de la surveillance des commandans de régimens : leur administration, leur instruction, en souffrent nécessairement ; et fatigués par une foule de petits postes dont l'utilité n'existe le plus souvent que dans la tête des commandans de places, les soldats ne sont employés réellement qu'à garder des monceaux de pierres.

Réunis au contraire dans nos grandes garnisons, leur service est allégé par le nombre de ceux qui y concourent, et est borné d'ailleurs aux postes reconnus d'une véritable utilité. Les soldats qui ont des professions mécaniques peuvent obtenir la permission de les exercer. L'hiver, la moitié peut avoir des congés de semestre : de là résultent la santé, l'aisance, la moralité du soldat, et le contentement des familles.

En temps de guerre, nous recueillons les fruits de la composition de nos grandes garnisons, qui sont de *véritables corps d'armée*, des manœuvres auxquelles nous les avons exercées, et des habitudes que nous leur avons fait contracter.

L'armée est toute formée ; elle entre en

campagne avec cette promptitude qui assure les grands succès.

Dans ce cas, si l'on considère la population de la France, et la puissance des ennemis qu'elle peut avoir à combattre, l'armée française, ne peut être moindre de 5oo,ooo hommes.

Trois grands corps, de 1oo,ooo chacun, entrent en campagne : 2oo,ooo hommes sont immédiatement réunis dans les grandes places que nous avons ci-dessus indiquées ; ils se composent des bataillons et escadrons de dépôt, des vétérans dont l'organisation a été préparée d'avance, et des nouveaux appels de jeunes soldats, appels qui ne peuvent manquer d'avoir lieu dans de pareilles circonstances.

La garde nationale de ces places, et la partie mobile de celle des villes voisines doivent être instruites et disposées de manière à concourir à leur défense. Elles sont spécialement destinées à garder les places, si les événemens mettent la garnison dans le cas d'en sortir (1).

---

(1) On a lieu d'espérer que la nouvelle organisation préparée par le Gouvernement pour les Gardes nationales du royaume, contiendra des dispositions en rap-

Les troupes sont formées en brigades, les brigades en divisions, de manière à toujours présenter des corps d'armée de 16 à 20,000 hommes, composés des diffé-

---

port avec la défense des Places fortes, et celle des frontières. Si jamais elles étaient menacées d'une invasion, on verrait, n'en doutons pas, se renouveler CE BEAU MOUVEMENT NATIONAL qui eut lieu en 1809. A cette époque où toutes nos armées se trouvaient au sein de l'Allemagne, de l'Italie et de l'Espagne, les Anglais entrèrent dans l'Escaut avec une flotte considérable, et opérèrent un débarquement de 40,000 hommes dans l'île de Walcheren. Aussitôt 12,000 grenadiers de gardes nationales, qui avaient été réunis sous les murs de Saint-Omer, et auxquels se joignirent les Canonniers de la garde nationale de Lille, se portèrent rapidement sur les points menacés, et occupèrent l'île de Cadsand, où ils soutinrent plusieurs attaques, et bravèrent l'insalubrité de cette île marécageuse pendant toute la durée du danger. Au même instant, il se forma dans les autres parties de la France, 100,000 hommes de gardes nationales mobiles, qui vinrent occuper plusieurs camps, et couvrir la côte depuis Boulogne jusqu'à Anvers.

Ainsi furent déjoués les projets de l'ennemi; et les généraux anglais eux-mêmes, en avouant, dans les rapports officiels sur cette expédition, que la bonne contenance des troupes qui occupaient l'île de Cadsand, empêcha toute réussite sur ce point, rendirent un hommage non suspect au dévouement des gardes nationales de France.

rentes armes. La possibilité d'une aussi prompte organisation n'est pas problématique, si l'on considère que nos vétérans sont des soldats tout formés. Quant aux nouvelles levées, réparties dans les bataillons et escadrons de dépôt, elles y trouvent des cadres d'officiers et de sous-officiers; les jeunes soldats sont instruits avec cette rapidité que le génie de la nation permet de supposer, et dont nous avons vu de mémorables exemples.

En peu de temps nos garnisons sont rendues propres à appuyer les opérations de l'armée active, si elle a obtenu des succès; à lui fournir les moyens de réparer ses défaites, si elle en a éprouvé; à défendre les places et camps retranchés qu'elles occupent, s'ils sont attaqués; à en sortir, si on ne leur oppose que des forces insuffisantes; à rallier dans ce cas la population militaire des campagnes ; à multiplier sur les derrières de l'armée envahissante tous les genres d'obstacles et de périls, et à consommer ainsi la perte d'un ennemi imprévoyant.

Les places d'armes dont j'ai proposé l'établissement dans l'intérieur, ont une destination analogue, si l'armée active par une suite de revers a été forcée de se replier jusqu'à elles. Cette armée y trouvera les renforts et toutes les ressources matérielles dont elle pourra avoir besoin.

Par le rôle que nous venons de faire jouer aux généraux commandant nos Places fortes, et d'après l'espoir que nous fondons sur les résolutions qu'ils doivent prendre, lorsqu'ils se trouvent séparés de l'armée active, et livrés à leurs propres forces, on doit concevoir l'importance que nous attachons au *choix de ces généraux*. En effet leurs talens, leur expérience, l'énergie de leur caractère, doivent être en proportion de l'étendue des pouvoirs dont il est bon qu'ils soient revêtus dans ces graves circonstances : il importe également qu'ils soient secondés par l'élite des officiers d'artillerie et du génie. Sous ces divers rapports les choix du Roi auront long-temps une heureuse latitude, parmi cette foule d'officiers généraux et supérieurs, connus par tant de succès, ou formés à l'école d'une honorable adversité.

RÉSUMÉ.

Le système de défense que je propose est donc à la fois simple et énergique. On peut s'en convaincre en jetant les yeux sur la carte ci-jointe ; on y verra que chacune des armées actives doit trouver des points d'appui, si elle est forcée de repasser la frontière.

En effet, si l'armée du nord est obligée de se retirer entre les places de Lille et de Mezières, ou entre Mézières et Metz, elle viendra s'appuyer *sur la position retranchée de Laon*, laissant sur ses flancs deux grandes places, qui renfermant deux corps d'armée de 16 à 20,000 hommes chacun, imposent à l'ennemi l'obligation de détacher 80,000 hommes au moins pour en faire l'investissement.

En faisant une semblable supposition pour l'armée qui s'est formée sur la frontière du Rhin, cette armée exécuterait sa retraite, soit entre Metz et Strasbourg, soit entre Strasbourg et Besançon : dans ces deux cas, elle viendrait s'appuyer *sur la position retranchée de Langres*, et elle aurait laissé derrière elle les Places fortes ci-dessus mentionnées, lesquelles obligeraient l'ennemi à laisser sur ses derrières des forces considérables, s'il ne voulait pas compromettre ses communications.

Si c'est l'armée française du midi qui doit exécuter une semblable manœuvre, elle se retirera soit entre Besançon et Mâcon, soit entre Mâcon et Grenoble, soit entre cette dernière place et Toulon. Elle aura alors pour point d'appui *la place de Clermont*, qui doit lui fournir toutes les ressources dont elle aura besoin, tandis que l'ennemi devra se diviser pour assiéger, investir ou contenir les corps d'armée que renferment les Places qu'il aura laissées derrière lui.

Enfin, celle d'*Orléans* est destinée à être un grand dépôt d'armes et de machines de guerre, et à devenir le dernier point d'appui des trois armées actives.

Dans tous ces cas, nos Places fortes qu'on doit toujours considérer comme *de grands camps retranchés*, auront arrêté ou ralenti les progrès de l'ennemi. S'il s'est borné à les investir, ses forces auront été divisées et affaiblies ; s'il en a entrepris le siége, il y trouvera une résistance vigoureuse et opiniâtre, telle que celle qu'ont opposée les

places de Mayence, Kehl, Gênes et Dantzick ; seules défenses vraiment remarquables
d'une guerre de 25 ans (1) ; les seules au
moins qui aient eu les grands résultats dont
nous avons parlé, de protéger efficacement
des armées battues ou inférieures en nombre, et de réparer de grands revers.

D'après le système que nous venons d'ex-
poser, nous avons lieu de croire que nos
grandes Places fortes opposeront dans des
circonstances pareilles une résistance non
moins vigoureuse et non moins prolongée :
pendant ce temps l'esprit public se raffer-
mira, les armées actives se réorganiseront,
et les succès de l'ennemi ne seront qu'éphé-
mères. *Car quand la population mobile*

---

(1) Nous n'entendons pas toutefois contester le mé-
rite de beaucoup d'autres siéges soutenus ou entrepris
par l'armée française dans le cours de cette guerre, sur-
tout en Flandre, en 1793 et 1794, et en Espagne pendant la guerre de la Péninsule. Nous reconnaissons que
ces siéges honorent également la valeur de nos troupes,
les talens des généraux qui les commandaient, et les
officiers du génie et de l'artillerie qni y ont été employés ; nous voulons dire seulement que ces faits d'armes n'ont pas eu l'importance de ceux que nous citons
ici, sous le rapport de l'utilité et des résultats.

,tout entière d'une nation de trente millions d'âmes concourt à sa défense, le sol de la liberté recouvre bientôt son indépendance.

Telles sont les réflexions qui m'ont été suggérées par une longue expérience de la guerre. Puisse leur application être utile à ma patrie! C'est le vœu bien sincère d'un vieux soldat citoyen.

De l'Imprimerie de DEMONVILLE, rue Christine, n° 2.